Susanne

Das faszinierende Leben der

Ameisen

Maria Àngels Julivert
Illustrationen: Marcel Socías

ars edition

Ameisen auf der ganzen Welt

Ameisen gehören wie die Bienen und Schmetterlinge zu den Insekten. Genau wie die Bienen sind Ameisen staatenbildende Insekten, die der Ordnung der Hautflügler angehören.
Sie leben in fast allen Gegenden der Welt – im Gebirge genauso wie in der Wüste. Unter den 12 000 Ameisenarten gibt es eine bemerkenswerte Vielfalt an Größe, Aussehen und Verhalten.

Mehrere tausend Ameisen bilden einen Staat, in dem sie für den Bestand der Gemeinschaft sorgen. Deshalb müssen sie sich untereinander verständigen können.
Das geschieht durch Sekrete, die jedem Futtertropfen beigemischt sind. Auch Tast- und Duftsignale spielen bei der Verständigung eine sehr wichtige Rolle.
Wie bei allen Insekten besteht der Ameisenkörper aus drei Teilen:
Im meist großen **Kopf** liegen die für das Leben einer Ameise so wichtigen Sinnesorgane (Sehen, Riechen, Fühlen).
An der **Brust** setzen die sechs Beine an. Manche haben darüber hinaus noch zwei Flügelpaare.
Der **Hinterleib** ist durch eine stielförmige Taille mit dem Vorderkörper verbunden.

Rechts:
Im Nest der Schwarzen Ameise (Messor) herrscht große Geschäftigkeit.

Unten:
Man unterscheidet zwei große Ameisengruppen. Eine ist die Unterfamilie Myrmicinae (Knotenameisen). Sie haben einen Stachel, und ihr Hinterleib-Stiel ist zu zwei Knoten verdickt. Angehörige der Unterfamilie Formicinae (Schuppenameisen) besitzen keinen Stachel, und der Stiel ist in eine aufgerichtete Schuppe verlängert.

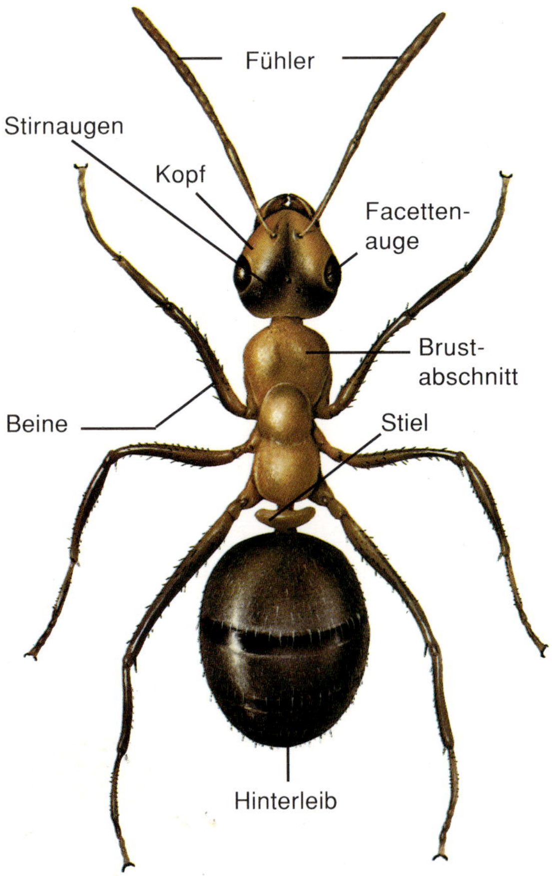

Oben:
Kopf einer Ameise von vorn

Links:
Körperteile einer Ameise

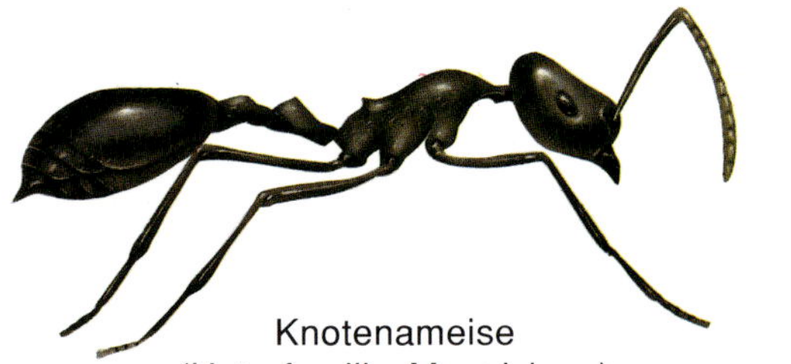

Knotenameise
(Unterfamilie Myrmicinae)

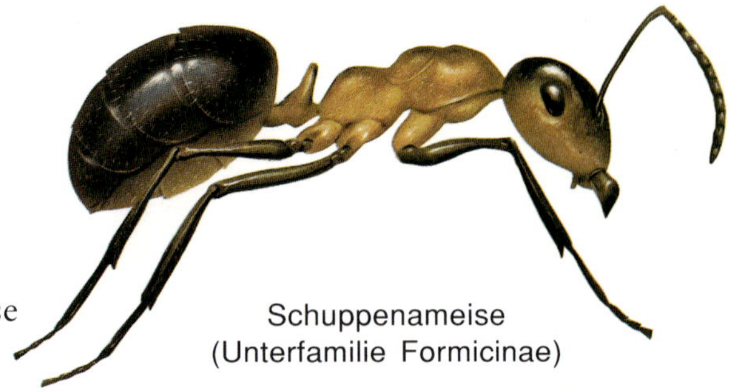

Schuppenameise
(Unterfamilie Formicinae)

Die Bewohner eines Ameisennestes

In einem Ameisennest leben drei verschiedene Ameisenkasten: eine oder mehrere Königinnen, die Männchen und die Arbeiterinnen.
Die Königin ist die größte Ameise ihres Staates und ist einzig dazu da, Eier zu legen. Wenn sie schlüpft, hat sie vier Flügel, die sie jedoch nach dem Hochzeitsflug verliert. Sie ist verhältnismäßig langlebig und kann je nach Art zehn, fünfzehn oder sogar über zwanzig Jahre alt werden.
Die zahlreichen Arbeiterinnen haben dagegen nie Flügel und können keine Eier legen. Sie erledigen alle Arbeiten im Nest.
Nur bei der Nahrungssuche entfernen sie sich manchmal sehr weit vom Nest. Viele Arten legen Duftspuren, die sie den Rückweg leichter finden lassen. Bei der Orientierung hilft ihnen auch die Stellung der Sonne.
Zu einer ganz bestimmten Jahreszeit schlüpfen geflügelte Männchen aus den Puppen. Ihre einzige Aufgabe besteht darin, die zukünftigen Königinnen zu befruchten. Danach sterben sie.
Meist sehen Königin, Männchen und Arbeiterin sehr verschieden aus; aber es gibt auch Ausnahmen: Bei manchen Arten sind sie fast gleich.

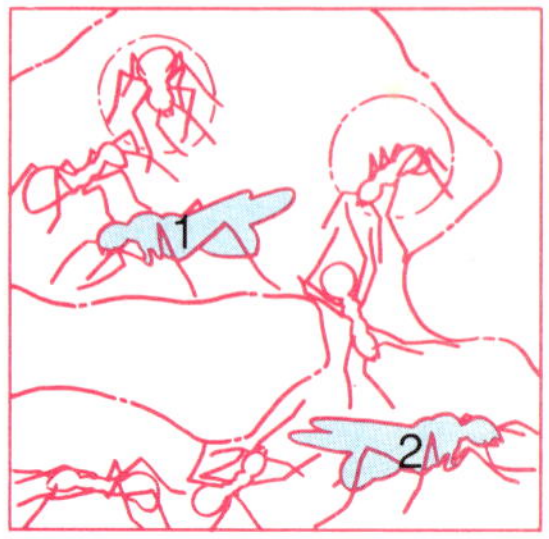

Rechts:
1 In der oberen Kammer sind Arbeiterinnen zu sehen, die die Königin versorgen.
2 In der unteren Kammer ist ein geflügeltes Männchen abgebildet.

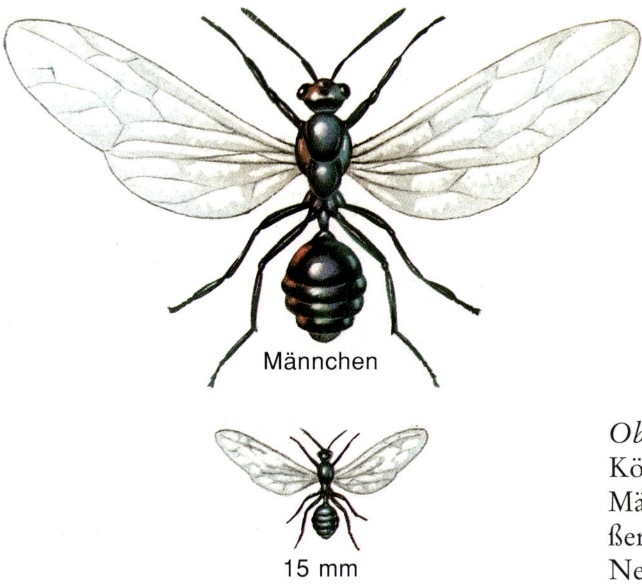

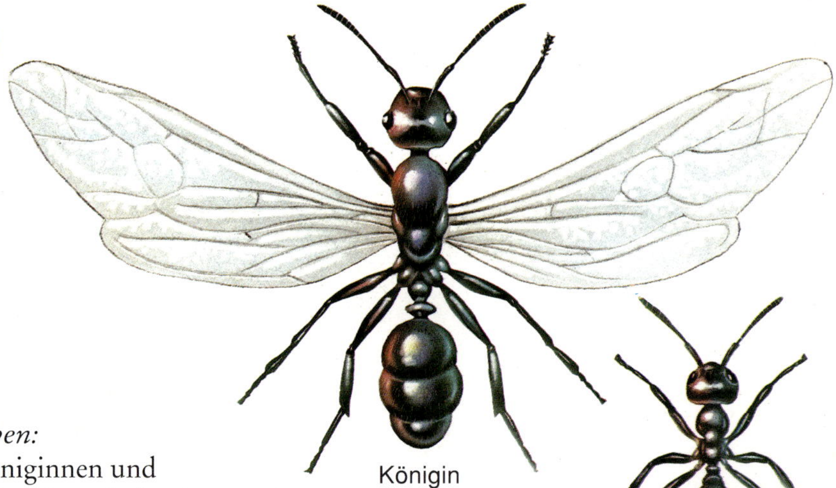

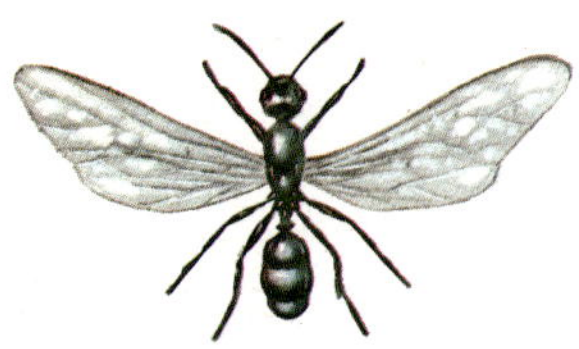

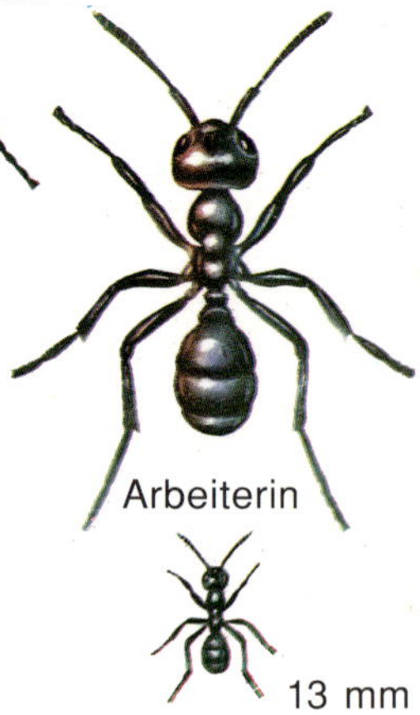

Die verschiedenen Ameisenkasten (Umriß in natürlicher Größe)

Oben:
Königinnen und Männchen sind größer als die anderen Nestbewohner und haben Flügel. Nach dem Hochzeitsflug verliert die Königin ihre Flügel.

Die fleißigen Arbeiterinnen

Die Arbeiterinnen eilen im oder außerhalb des Nestes unermüdlich hin und her. Ein Teil sucht Nahrung für die ganze Kolonie, ein anderer Teil säubert, verteidigt und bessert das Nest aus.
Die jüngsten Ameisen versorgen im allgemeinen die Königin und ihre Brut.
Bei einigen Arten sind die Arbeiterinnen verschieden groß, und sie haben auch unterschiedliche Aufgaben. Man unterscheidet bei ihnen Arbeiterinnen und Soldaten. Dabei kann die Körpergröße auch innerhalb der beiden Gruppen noch ein wenig verschieden sein.
Die Soldaten sind große Arbeiterinnen mit einem gewaltigen Kopf und sehr kräftigen Kiefern. Sie sind hauptsächlich für die Verteidigung des Nestes zuständig.
Bei einer Ameisenart haben die Soldaten die Aufgabe, mit ihrem großen Kopf den Eingang zu verschließen, damit sich kein unerwünschter Eindringling einschleicht.
Will eine Ameise ins Nest, klopft sie mit den Fühlern an den Kopf des Soldaten. An ihrem Nestgeruch erkennt der Wächter, daß die Ameise zum Nest gehört und gibt den Weg frei.

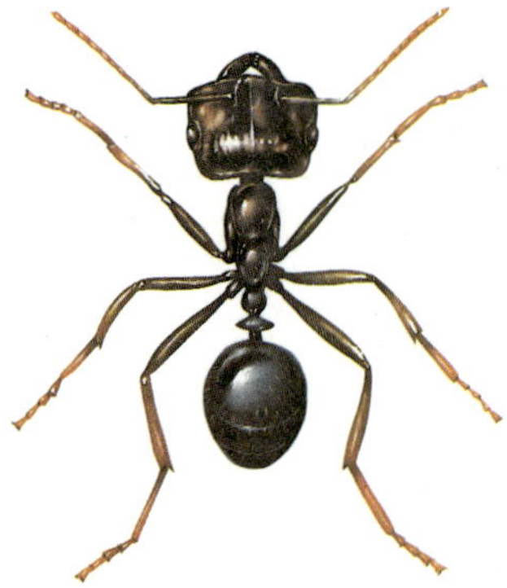

Großer Soldat

Soldat

Mittelgroße Arbeiterin

Kleine Arbeiterin

Links:
Größenvergleich der verschiedenen Arbeiterinnen. Beachte besonders den großen Kopf des Soldaten!

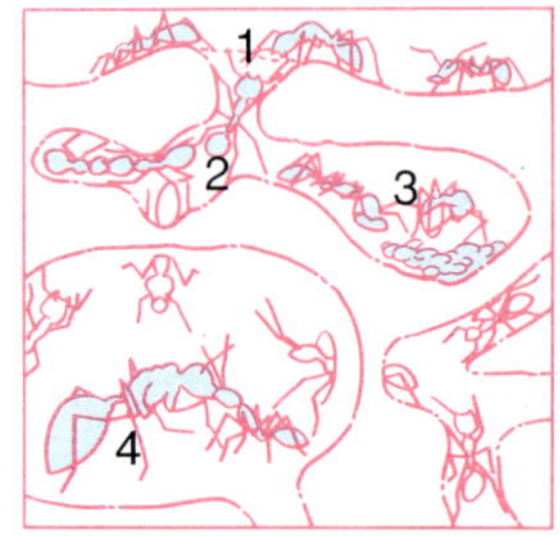

Unten:
Ein Soldat bewacht das Nest in einem Baumstumpf, dessen Pforte er mit seinem Kopf verschlossen hat. Eine Arbeiterin gibt sich zu erkennen, indem sie mit den Fühlern an den Kopf des Soldaten klopft.

Rechts:
Arbeiterinnen sind ständig beschäftigt:
1 Sie holen ein Korn,
2 legen es in der Vorratskammer ab,
3 versorgen Larven
4 und füttern die Königin in ihrer Kammer.

Vom Ei zur Ameise

Die Königin legt viele tausend Eier. Aus den befruchteten Eiern schlüpfen Weibchen (Arbeiterinnen oder Königinnen), während aus den unbefruchteten Eiern Männchen heranwachsen.
Die Arbeiterinnen tragen die winzigen Eier in besondere Kammern. Dort säubern und pflegen sie die Eier unaufhörlich.
Kurze Zeit später schlüpfen die Larven, die keine Beine haben und sehr viel Nahrung brauchen. Sie unterscheiden sich stark von erwachsenen Ameisen.
Während des Wachstums häuten sich die Larven wiederholt, bis sie ausgewachsen sind.

Nach der letzten Häutung verwandeln sie sich in Puppen. In diesem Stadium ihres Lebens spinnen die meisten Ameisenarten einen schützenden Seidenkokon. Die Larven werden im Volksmund Ameiseneier genannt, mit ihnen füttert man Fische und Vögel.
Die Puppen fressen überhaupt nichts. Die Arbeiterinnen bringen sie in andere, wärmere und trockenere Kammern, in denen sie sich dann ungestört weiterentwickeln können.
Allmählich verändert sich ihr Körper, und sobald diese Verwandlung (Metamorphose) abgeschlossen ist, schlüpft die fertige Ameise.
Bei manchen Arten spinnen die Larven keinen Kokon, sie sind als Puppe ungeschützt. In diesem Fall kann man ihre Verwandlung zur Ameise genau verfolgen.

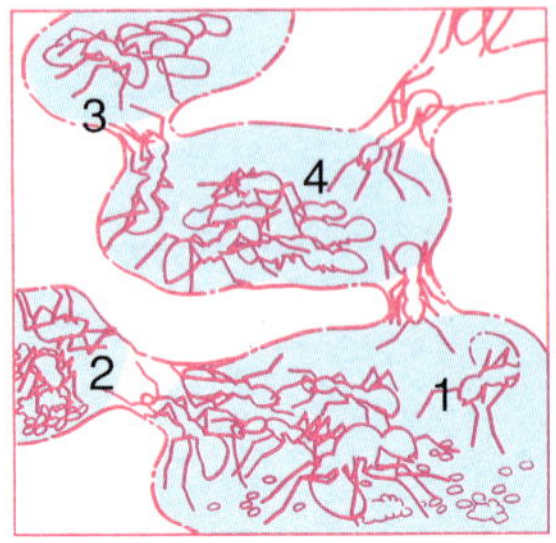

Rechts:
Nest der Knotenameise:
1 Kammer der Königin, die Eier legt
2 Eikammer
3 Larvenkammer
4 Puppenkammer

Ei

Kokon

Puppe

Ameise

Ei

Kokon

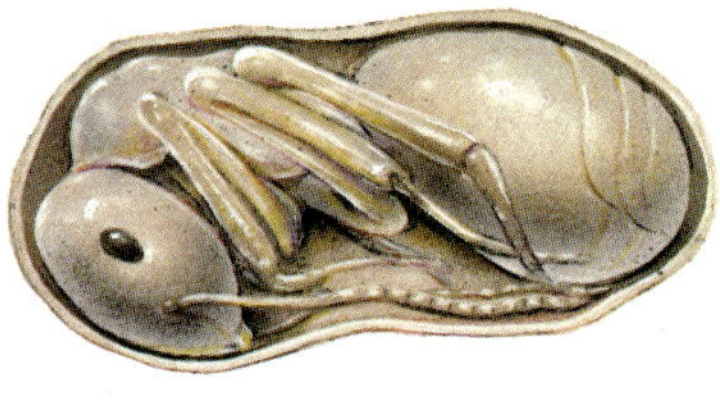
Von einem Kokon geschützte Puppe

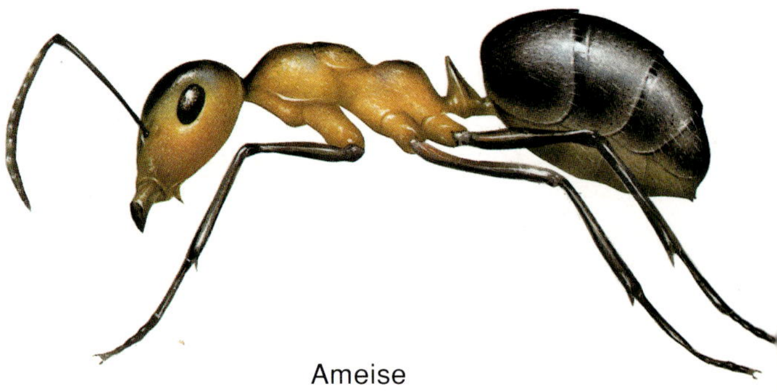
Ameise

Die Nester der Ameisen

Ein Ameisennest ist ein kompliziertes System von Tunneln und Gängen in alle Richtungen mit zahlreichen, verschieden großen Kammern auf mehreren Ebenen. Einige sind Vorratskammern, andere sind für die Brut bestimmt. Oft führen kleine Gänge, die das Nest belüften, nach draußen.

Jede Ameisenart baut ein anderes Nest, und so sind die Nester in Form und Größe sehr verschieden. Typisch ist das Erdnest, das sogar mehrere Meter in die Tiefe geht. Es erreicht manchmal gewaltige Ausmaße und hat eine große Zahl von Bewohnern.

Im Frühling säubern die Ameisen das Nest, und um den Eingang herum werden kleine Erdanhäufungen aufgeworfen, die das Vorhandensein eines Nestes verraten.

Die Rote Waldameise lebt, wie ihr Name besagt, im Wald. Dort bevorzugt sie schattige und feuchte Standorte.

Ameisenhaufen der Roten Waldameise

Sie baut große Nester mit einem unterirdischen Teil in der Mitte und einem Ameisenhaufen darüber. Dieser besteht aus Kiefern- und Fichtennadeln, kleinen Ästen und anderen Pflanzenresten. Durch die ganze Konstruktion ziehen sich zahllose Gänge.

Oben:
Das ist ein Ameisenhaufen aus Nadeln und Laub der Roten Waldameise. Schon in den frühen Morgenstunden erwärmen die Sonnenstrahlen das ganze Nest, so daß die Temperatur im Nestinneren steigt.

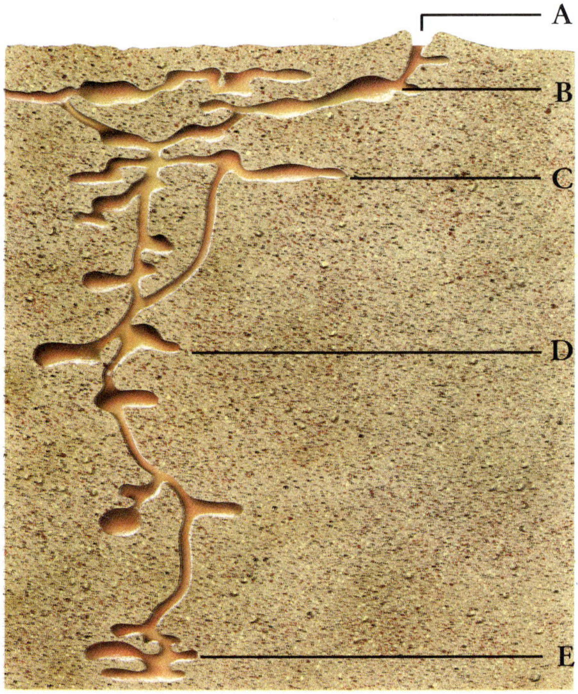

Rechts:
Diese Abbildung zeigt einen Schnitt durch ein Nest der Knotenameise mit mehreren Gängen und Kammern.

Rechts:
Ein Erdnest besitzt einen Haupteingang (A), hat aber meist auch mehrere kleine Tunnel, die als Belüftungskammern dienen. Die Kornvorräte (B und C) liegen im ganzen Ameisennest verteilt, und zahlreiche Kammern sind unbenutzt (D). Die für die Brut bestimmten Kammern (E) liegen am tiefsten.

Geschickte Weberinnen

Die Weberameisen bauen eigenartige Nester, denn sie nähen die Blätter der Bäume mit den Seidenfäden ihrer Larven zusammen.
Eine Gruppe von Arbeiterinnen klammert sich mit den Beinen an einen Blattrand. Sie bemühen sich, den Rand eines anderen zu erreichen, an dem sie sich dann mit den Kiefern festhalten. Beide Enden werden zusammengezogen. Sind die Blätter sehr weit voneinander entfernt, bilden mehrere Tiere eine lange Kette, wobei sie ihre Körper ineinander verhaken, um ihr Ziel zu erreichen. Andere Arbeiterinnen tragen die Larven wiederholt zwischen den Blättern hin und her, bis diese gut miteinander versponnen sind. Nach und nach verbinden sie so die Blätter und bauen ihr Nest, das wie ein gewaltiger Kokon am Baum hängt. Die Ameisen bessern das Nest ununterbrochen aus und vergrößern es, wenn der Staat wächst.
Die südamerikanischen Baumameisen gebrauchen ihre Larven ebenfalls als Werkzeuge und Lieferanten von Seide beim Bau von Nestern. Andere Arten richten ihr Nest mit Vorliebe im Baum-Inneren ein. Die Holzameisen legen die Kammern und Gänge ihres Nestes in alten Baumstümpfen an, indem sie das Holz mit ihren starken Kiefern durchlöchern.

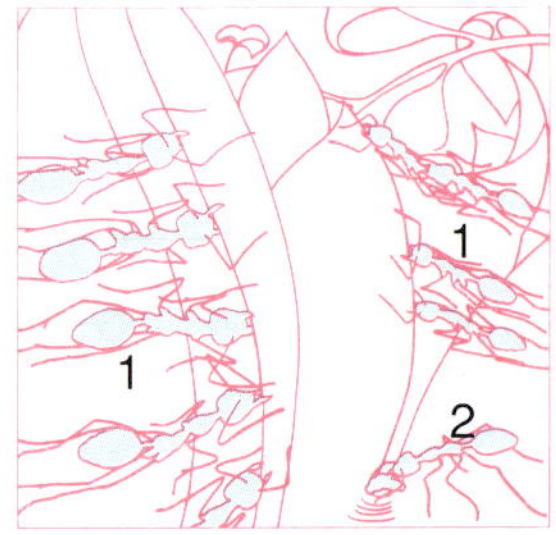

Rechts:
Weberameisen beim Nestbau:
1 Zusammenziehen der Blattränder
2 Eine Arbeiterin spinnt die Blätter mit den Seidenfäden zusammen, die eine Larve absondert.

Rechts
Nicht alle Ameisen bauen Erdnester. Einige Arten leben in alten Baumstümpfen. Diese Arbeiterin zernagt das Holz mit ihren kräftigen Kiefern.

Ein neuer Staat

Wenn es Frühling wird, wimmelt es im Staat plötzlich von geflügelten Ameisen. Das sind Männchen und Königinnen, die das Nest verlassen, um sich auf ihren Hochzeitsflug zu begeben.
Manchmal kann man zahlreiche Ameisenschwärme beobachten, denn alle Ameisen einer Gegend verlassen das Nest zur gleichen Zeit.
Jede Königin wird von einem oder mehreren Männchen befruchtet. Sobald die Männchen ihren Daseinszweck erfüllt haben, sterben sie. Anschließend beginnt die junge Königin, einen eigenen Staat zu gründen. Sie bricht ihre Flügel ab und sucht ein Versteck, um die ersten Eier abzulegen.
Anfangs muß sie sich allein um ihre Brut kümmern und sie ernähren. Sie geht aber nicht auf Nahrungssuche, sondern lebt von den Reserven, die ihr die Muskeln liefern, die vorher die Flügel bewegten und nun nicht mehr benutzt werden. Sie frißt auch einige der frisch gelegten Eier. Schon bald schlüpfen die ersten Arbeiterinnen aus ihrem Kokon und nehmen der Mutter alle Arbeit ab.

Begattung einer Königin durch ein Männchen

Der Staat wächst sehr schnell, und die Arbeiterinnen vergrößern das Nest. Aber nicht immer entsteht auf diese Weise ein neuer Staat. Bei vielen Arten begleiten Arbeiterinnen die Königin und helfen ihr. Bei anderen Ameisenarten schließen sich mehrere Königinnen zusammen, um gemeinsam einen neuen Staat zu gründen.

Rechts:
Nach der Begattung sucht die junge Königin einen geeigneten Ort für die Gründung eines neuen Staates. Sie ist im oberen Teil der Abbildung zu sehen. Sobald sie ihn gefunden hat, legt sie Eier. So entsteht ein neuer Staat.

Oben links:
Beim Hochzeitsflug wird die Königin von einem oder mehreren Männchen begattet.

Unten links:
Die Anwesenheit zahlreicher geflügelter Ameisen kündigt den Beginn des Hochzeitsfluges an.

Mitbewohner im Ameisennest

Normalerweise gehören die Bewohner eines Ameisennestes der gleichen Art an, aber manchmal leben zwei verschiedene Arten in einem Nest. Die eine Art lebt dann auf Kosten der anderen, welche die gesamte Arbeit für alle Nestbewohner leisten muß. Die Amazonenameisen, die vor allem in heißen Ländern leben, sind weder fähig, die eigene Brut zu versorgen, noch sich selbst zu ernähren. Deshalb hängen sie völlig von den Arbeite rinnen der anderen Art ab, die alle Aufgaben im Nest wahrnehmen. Die Amazonenameisen greifen in großen Gruppen das Nest einer anderen Ameisenart an und entführen die größten Puppen und Larven ins eigene Nest. Sobald diese Brut geschlüpft ist, arbeitet sie für die Amazonenameisen und sorgt für deren Ernährung. Von Zeit zu Zeit wiederholen die Amazonenameisen ihre Übergriffe auf andere Nester, um mehr Arbeiterinnen zu rauben, die gestorbene Ameisen ersetzen sollen. Gelegentlich sucht sich die junge Königin, die einen neuen Staat bilden will, ein fremdes Nest aus und dringt sehr entschlossen dort ein. Akzeptieren die Nestbewohnerinnen diese Königin, gehen sie sogar so weit, die eigene zu töten.

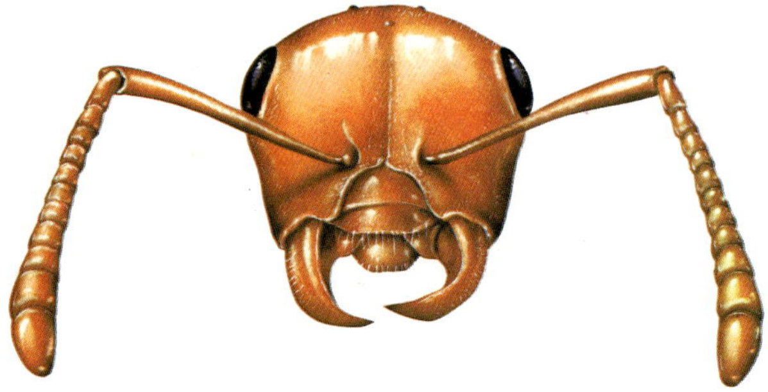

Kopf der Amazonenameise

Oben:
Mit ihren riesigen Oberkiefern kann die Amazonenameise fest zubeißen.

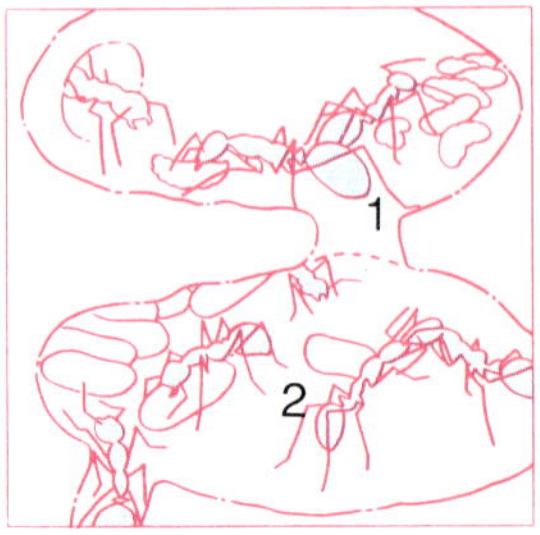

Rechts:
Nest der Amazonenameise, in dem die fremden Arbeiterinnen alle Aufgaben ausführen müssen:
1 Sie versorgen die Larven
2 und tragen die Kokons.

Unten:
Amazonenameisen rauben den Kokon aus einem fremden Nest. Sie tragen ihre Beute sehr vorsichtig zwischen den Kiefern, damit sie nicht beschädigt wird.

Die Ernährung

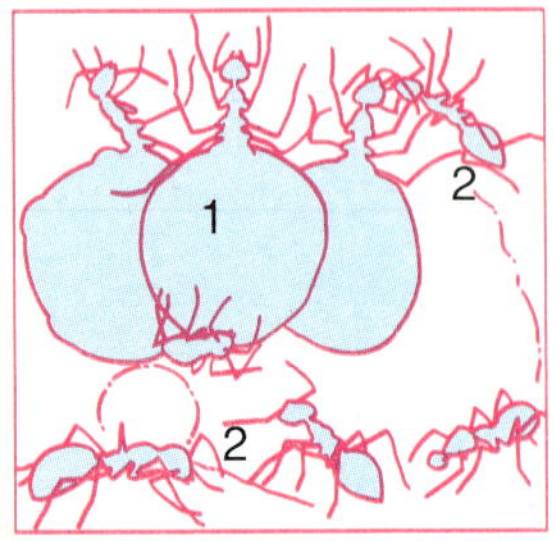

Rechts:
1 Diese Honigtöpfe speichern in ihrem angeschwollenen Hinterleib eine gezuckerte Flüssigkeit.
2 Von dieser ernähren sich die anderen Nestbewohnerinnen.

Oben:
Jäger schleppen eine Raupe in ihr Nest.

Ameisen sind Allesfresser. Das bedeutet, daß sie sich sowohl von Tieren wie von Pflanzen ernähren. Manchmal ziehen sie eine bestimmte Nahrung vor.
Einige sind Jäger, die Insekten und andere kleine Tiere fangen. Manchmal ist die Beute sehr viel größer als die Ameise selbst und muß von mehreren Arbeiterinnen ins Nest gebracht werden. Oder aber sie wird bereits an Ort und Stelle in kleine Stücke zerlegt.
Andere Arten geben Samen bestimmter Pflanzen den Vorzug. Sie sammeln viele Körner und lagern sie in Vorratskammern. Im Nest zermalmen sie die Samen und vermischen sie mit Speichel zum sogenannten Ameisenbrot, von dem sich das ganze Volk ernährt.
Bei den Honigameisen, die in der Wüste leben, gibt es eine besondere Form der Vorratswirtschaft. Bei diesen Tieren dient eine große Anzahl von Arbeiterinnen als lebendige Honigtöpfe.

Sie klammern sich in einigen Kammern des Nestes mit den Beinen an der Decke fest.
In ihrem Hinterleib, der sehr stark angeschwollen ist, speichern sie Zuckersaft, mit dem sie gefütter wurden und der allen anderen Tieren des Staates als Nahrung dient.

Unten:
A Ein Soldat trägt ein Weizenkorn ins Nest
B und enthülst es.
C Soldat und Arbeiterin zerkauen das Korn, um Ameisenbrot daraus herzustellen.

A

B

C

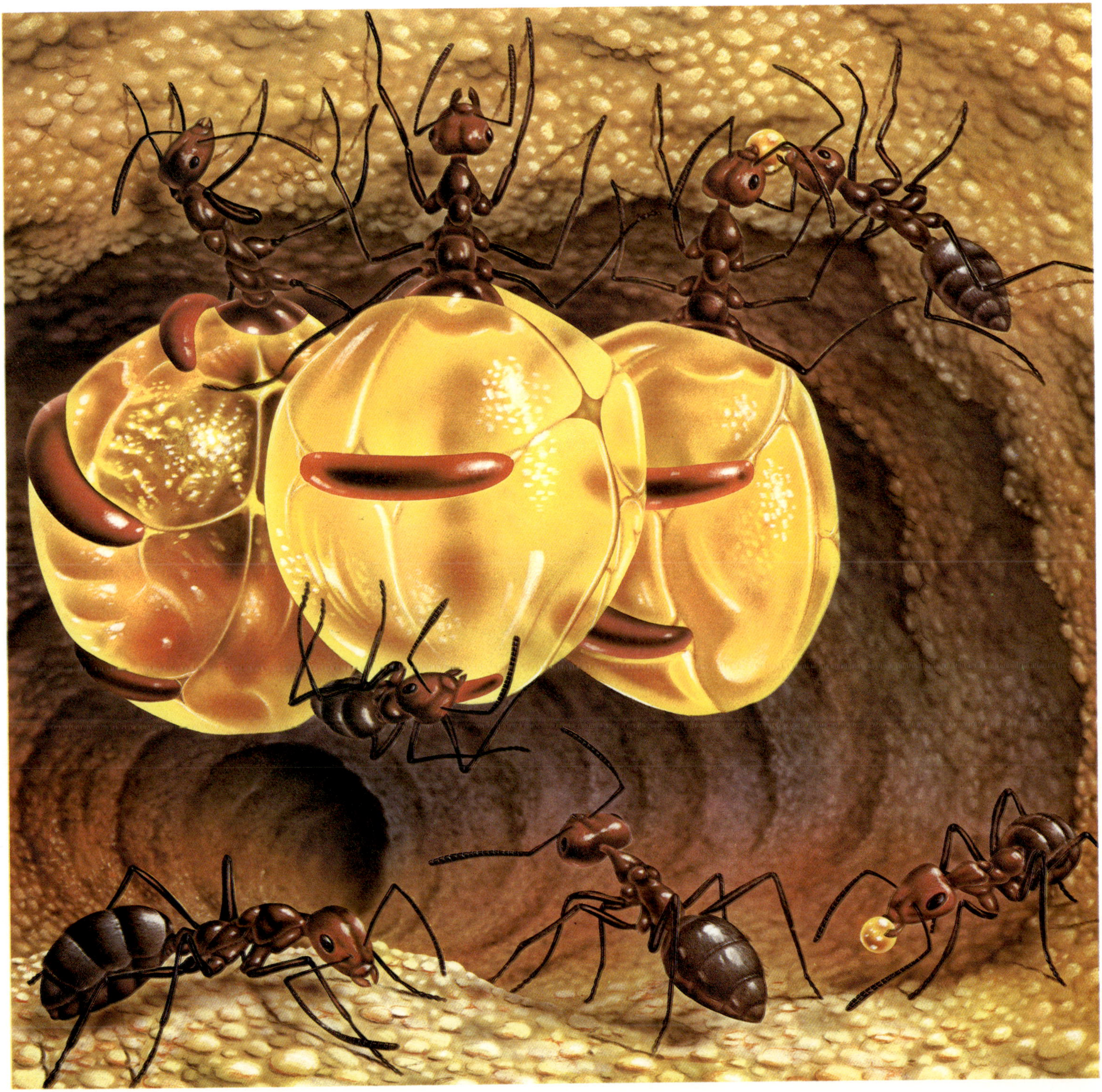

Landwirtschaft und Viehzucht bei den Ameisen

Die meisten Ameisen haben eine Vorliebe für süße Säfte, die sie in Pflanzen, Früchten und ähnlichem finden.
Einige Ameisen ernähren sich von den Ausscheidungen der Blattläuse, dem Honigtau.
Mit den Fühlern beklopfen die Arbeiterinnen den Rücken dieser kleinen Insekten und saugen gierig die sirupartigen Tropfen auf, die diese ausscheiden. Die Ameisen beschützen aber andererseits auch die Blattläuse und vertreiben mögliche Feinde.
Ähnlich bringen andere Ameisenarten die Raupen bestimmter Schmetterlinge in ihr Nest, wo sie sich von deren Ausscheidungen ernähren. Die Raupen fressen ihrerseits die Ameisenbrut. Solch ein Zusammenleben zum gegenseitigen Nutzen bezeichnet man als Symbiose.
Einige Ameisenarten betreiben sogar Pilzzucht, wie die Blattschneiderameise in Südamerika. Unzählige Arbeiterinnen holen Blätter von den Bäumen, die sie in ihre großen Erdnester schleppen. Das Ameisennest enthält einige sehr geräumige Kammern, in denen die kleinsten Ameisen die Blätter weiter zerkleinern. Auf diesem Nährboden gedeihen bestimmte Pilze, von denen sich das Volk ernährt.

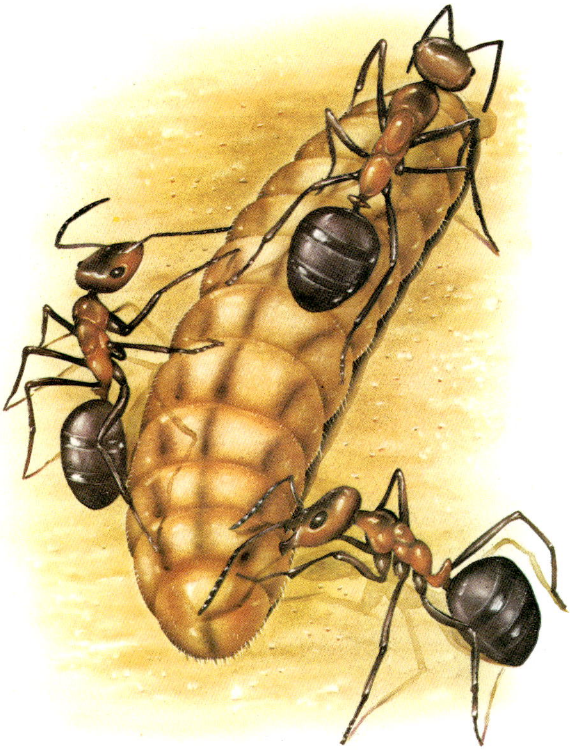

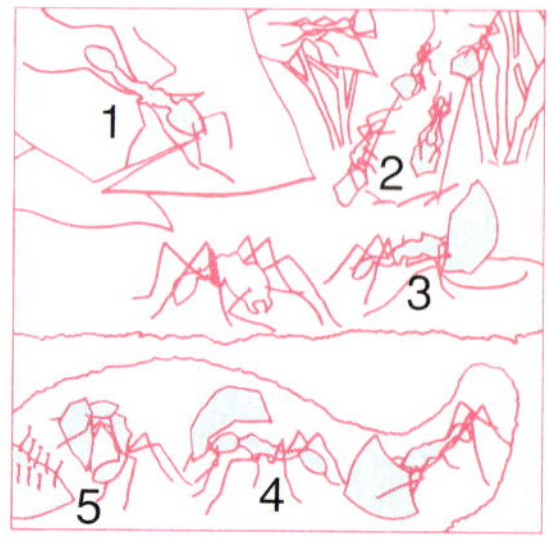

Rechts:
1 Blattschneiderameisen beim Schneiden von Blättern
2 Der Transport ins Nest
3-4 Die kleinen Stücke tragen sie zwischen den Kiefern, sie ragen hoch über den Kopf.
5 Im Nest bereiten einige Arbeiterinnen den Nährboden für die Pilze vor.

Oben:
Ameisen schlecken die Säfte auf, die eine ins Nest geschleppte Raupe ausscheidet.

Rechts:
Eine Ameise leckt den Honigtau auf, den die Blattlaus ausscheidet, nachdem die Ameise ihr mit den Fühlern auf den Rücken geklopft hat.

Auf der Wanderschaft

Wird die Nahrung knapp, geben einige Ameisenarten ihr Nest auf und wandern an einen anderen Ort. Aber keine dieser Wanderungen ist mit der der Wanderameise vergleichbar.
Diese Art kommt in Afrika und Nordamerika vor, wo sie in provisorischen Nestern lebt, die nur für kurze Zwischenaufenthalte bestimmt sind. Die Kolonie richtet sich in irgendeiner natürlichen Höhle ein. Dort bleibt sie, während die Königin eine große Anzahl von Eiern legt.
Nach einer gewissen Zeit brechen die Ameisen auf und wandern mit der Brut weiter. Die Ameisen marschieren zu Tausenden in dichten Reihen vorwärts. Dabei ergreifen sie jede Beute, die ihnen über den Weg läuft: Raupen, Spinnen, Grashüpfer und sogar größere Tiere.
In der gut geschützten Mitte des Zuges marschieren die Königin und kleine Arbeiterinnen, die die Larven tragen. Sie sind von vielen etwas größeren Arbeiterinnen umgeben, die sie schützen. Die Soldaten, die noch größer sind, wachen an den Rändern. Jede Nacht rasten die Tiere an einem anderen Ort. Dort ballen sie sich um die Königin herum zusammen, und am Tag darauf geht die Wanderung weiter.
Nach einigen Wochen lassen sie sich wieder an einem sicheren Ort nieder, der ihnen als Nest dient – bis zur nächsten Wanderung.

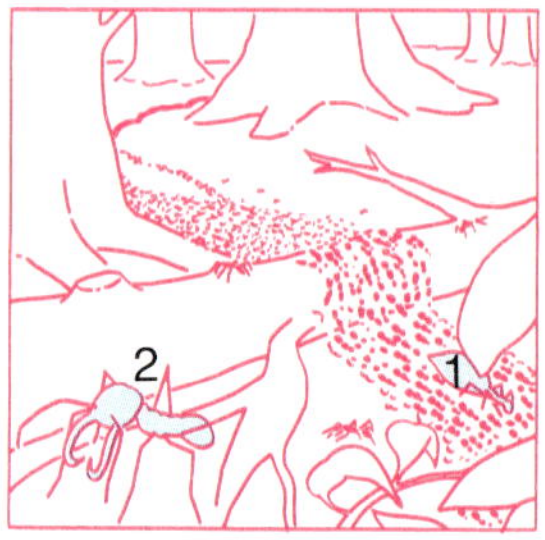

Rechts:
1 Alles dient dem Schutz von Königin und Larven, die von den kleinen Arbeiterinnen getragen werden.
2 Größere Arbeiterinnen und Soldaten flankieren beide.
Unten:
In der seßhaften Phase schlüpfen die Larven; die Puppen werden während der Wanderzeit mitgeschleppt.

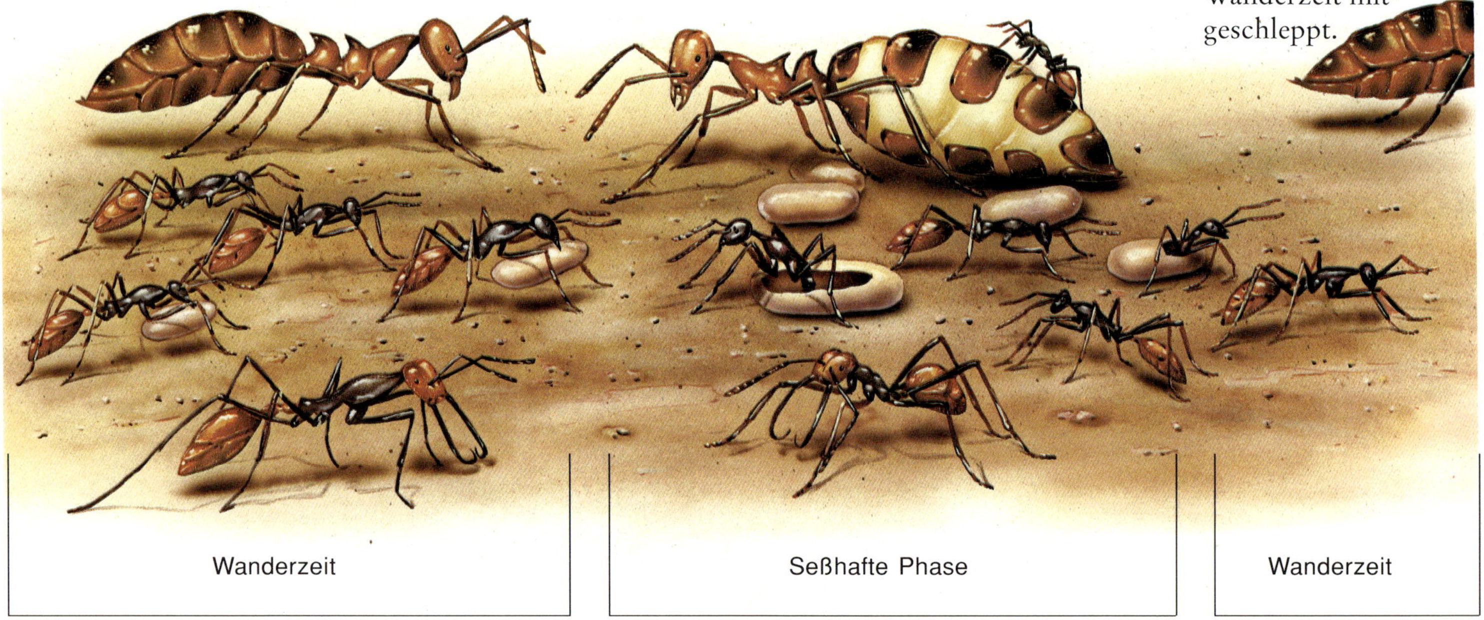

Große und kleine Feinde

Die Ameisen haben viele Feinde: zahlreiche Vogelarten (z. B. der Specht), Eidechsen, Frösche und Kröten. Auch Käfer dringen ins Ameisennest ein, wo sie Larven und Puppen auffressen. Darüber hinaus droht auch außerhalb der Kolonie Gefahr: Viele Ameisen bleiben in Spinnennetzen hängen.
Die Ameisen sind ein Leckerbissen für einige Säugetiere. Die Schimpansen »fischen« sie mit Hilfe eines Stockes, die Ameisenbären zerstören das Ameisennest mit ihren Krallen und fangen die kleinen Tiere mit ihrer langen, klebrigen Zunge.
Fühlen sich die Ameisen bedroht, geben sie Warnsignale von sich, und zahlreiche Arbeiterinnen eilen herbei, um den Staat zu verteidigen. Mit ihren Kiefern sind sie nicht völlig hilflos, sondern können den Eindringling beißen.

Außerdem haben die Knotenameisen als Waffe auch einen Giftstachel, mit dem sie sich verteidigen oder angreifen können. Andere Ameisenarten besitzen keinen Stachel, dafür aber eine Giftdrüse, aus der sie kleine Gifttropfen versprühen.

Rechts:
Der Ameisenbär ist ein gefährliches Tier für die Ameisen. Mit seiner dünnen, langen und klebrigen Zunge kann er tief ins Ameisennest eindringen und fängt so Larven, Puppen und Ameisen. Trotz der Warnsignale, mit denen sich die Ameisen verständigen, macht er immer wieder reiche Beute und zerstört ganze Nester.

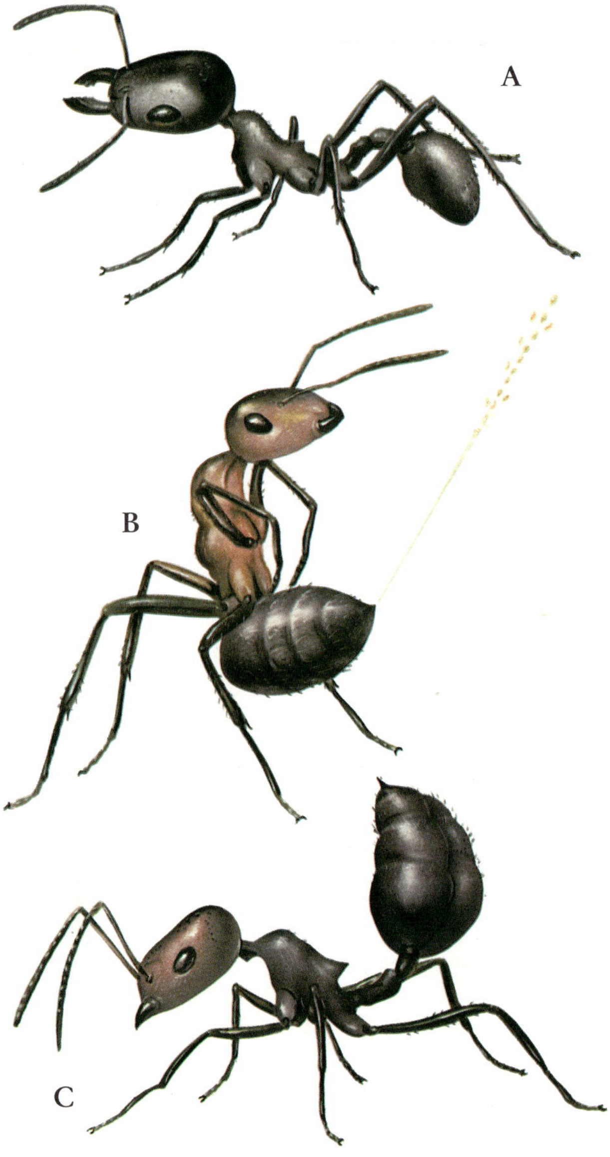

Giftstachel am Ende des Hinterleibes

Rechts:
Diese Abbildungen zeigen verschiedene Angriffs- und Verteidigungstaktiken der Ameise. Die Taktiken hängen davon ab, gegen welches Tier sich die Ameise verteidigen muß bzw. welches sie angreift.

A Die Ameisen beißen mit ihren starken Kiefern,
B verspritzen Gift oder
C stechen mit ihrem Giftstachel.

Ameise und Mensch

Weil die Ameisen Schaden anrichten, werden sie von den Menschen bekämpft. Einige, wie die Holzameise, zerstören gesundes Holz, indem sie ihre Gänge in den Bäumen anlegen.
Andere dringen in Häuser ein und machen sich über die Nahrungsmittel her.
In tropischen Ländern bekämpfen die Landwirte die Blattschneiderameise, weil sie für ihre Pilzzucht großen Schaden auf Plantagen anrichtet und ganze Pflanzen entblättert.
Aber die Ameise ist für den Menschen auch nützlich: In Südamerika ißt man geröstete Ameisen, und in vielen Ländern verkauft man »Ameiseneier« als Nahrung für Fische und Vögel.

In den Wäldern Europas unterstützt die Rote Waldameise den Menschen in seinem Kampf gegen eine Reihe von Insekten. Diese fleißigen Ameisen fangen jeden Tag mehrere tausend Insekten, die der Mensch als schädlich betrachtet.

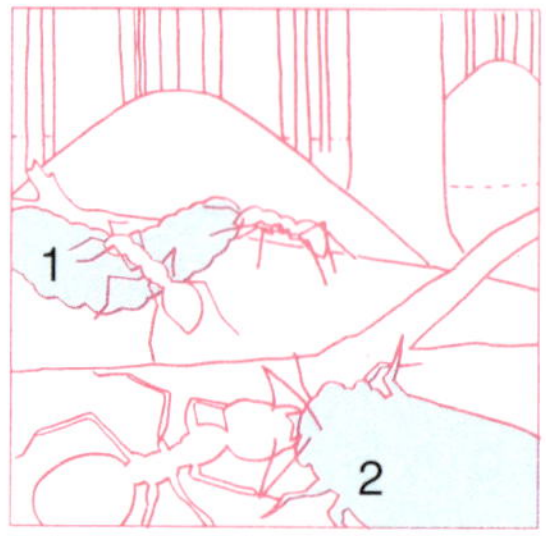

Rechts:
Die unermüdliche Rote Waldameise ist ein Verbündeter des Menschen in seinem Kampf gegen bestimmte Schädlinge.
1 Arbeiterinnen und Soldaten fangen Raupen.
2 Käfer und sogar größere Insekten werden ebenfalls zur Beute.
Dadurch verhindern sie, daß diese Insekten in den Wäldern noch größeren Schaden anrichten.

A Tabakpflanzen werden oft von Blattschneiderameisen zerstört.

B Gänge, von der Riesenholzameise ausgehöhlt

Links:
A Eine Tabakpflanze: Ihre großen Blätter werden oft völlig von Blattschneiderameisen zerstört.
B Schnitt durch einen Baumstamm: Man kann die Gänge der Holzameise deutlich erkennen.

Fachworterklärungen

Allesfresser Tier, das sich sowohl von Pflanzen als auch von Tieren ernährt.

Ameiseneier Umgangssprachlicher Ausdruck für Ameisenpuppen in ihrem Kokon. Sie werden häufig an Fische und Vögel verfüttert.

Arbeiterinnen Unfruchtbare weibliche Ameisen. Sie können keine Eier legen und verrichten die ganze Arbeit im Ameisenstaat.

Beute Von den Ameisen gefangenes Tier.

Hautflügler Ordnung der Insekten mit klar ausgeprägtem Kopf, Brust und Hinterleib. Dazu zählen Ameisen, Bienen und Wespen.

Kaste Verschiedene Ameisenformen der gleichen Art, die zusammen dasselbe Ameisennest bewohnen. Es gibt drei Ameisenkasten: Königinnen, Männchen und Arbeiterinnen.

Kokon Schützende Seidenhülle einiger Arten für ihre Ameisenpuppen.

Königin Weibliche Ameise, die Eier legt und Nachkommen hat.

Larve Ein Entwicklungsstadium der Ameise auf dem Weg vom Ei zum fertigen Tier.

Metamorphose oder **Verwandlung** Tiefgreifende Umwandlung des Ameisenkörpers während der Entwicklung.

Puppe Entwicklungsstadium der Ameise, das dem Larvenstadium folgt.

Soldat Große Arbeiterin mit starken Oberkiefern, die für die Verteidigung des Staates zuständig ist.

Staat oder **Kolonie** Ameisenvolk einer gleichen Art, das zusammenlebt.

Symbiose Zusammenleben von zwei verschiedenen Lebewesen zum gegenseitigen Nutzen.

Wanderung Mehr oder weniger regelmäßiger »Umzug« eines ganzen Ameisenstaates an einen anderen Ort.